幼児期の終わりまでに育ってほしい10の姿を育む保育実践32

白梅学園大学 子ども学部子ども学科教授
増田修治著

黎明書房

はじめに

ここ最近の乳幼児教育の大きな流れとして、3つのことがあげられます。

第1は、乳幼児教育に時間と費用をかけることの重要性が理解され、それが広がっていっているということです。

諸外国では、すでに幼保の充実と小学校との接続が模索され、様々な取り組みが始まっています。日本でも、こうした国際的な動きを踏まえ、幼保小の「教育の接続」が注目されています。幼児教育のなかに小学校教育につながる芽生えを見つけ、強化し、成果を生かして小学校教育につなげるという保育実践が必要とされ始めているのです。

第2に、科学的な分析やデータに基づいた乳児教育をおこなおうとしていることです。人間の発達には、まだわかっていないことがたくさんあります。しかし、近年それらが徐々に解明されてきています。そうした最先端の科学的な視点に基づいて、保育や教育をとらえなおそうという動きが出てきているのです。私自身もそうした新しい知見を保育実践に導入し、保育をより豊かにしていこうという試みを、ここ数年続けています。

第3に、脳科学がこの4~5年で急速に発達し、脳の仕組みが隅々まで解明されてきたことです。脳の発達にはどのようなホルモン分泌が必要なのかがわかってきたことで、ホルモンの分泌を促す保育のあり方も考えていく必要が出てきています。

この本では、そうした最新の流れをもとに、どのような視点でどのような保育実践をしていけばよいのか、具体的な方法を紹介しています。ぜひ参考にしてください。

子どもたちの健やかな未来を願いつつ……。

2019年3月

白梅学園大学　子ども学部子ども学科教授
増田修治

目次

はじめに 2

序章 「幼児期の終わりまでに育ってほしい姿(10の姿)」とは 7
未来を生きるために必要な「10の姿」 8
「小1プロブレム」の現状 10
「10の姿」で子どもの育ちの連続性を図る 11
意識して育てたい4つの柱 12
4つの柱に働きかける保育実践 17
COLUMN 就学前に必要なこと1 子どもの表現は意見としてとらえる 18

1章 0~2歳児で育む「10の姿」 19
0歳児の育ちでとくに大切にしたいこと 20
1~2歳児の育ちでとくに大切にしたいこと 22
実践1 ゆらゆらゆりかご バスタオルに子どもをのせてゆれを楽しむ 24
実践2 いないいないばあ スキンシップで信頼関係を高める 26
実践3 布団でゴロゴロ 人とふれあう楽しさを味わう 28
実践4 デン(隠れ家) 自分の居場所を自己決定する 30
実践5 朝の散歩 生活リズムを整え、脳と体を覚醒させる 32

実践 6 カンパイごっこ 人とつながる言葉を知る …… 34
実践 7 片栗粉粘土で感触遊び 触覚を刺激し、心と脳を育てる …… 36
実践 8 シール貼り 手先の器用さを育て、形の認識も …… 38
実践 9 シャボン玉遊び 息の強さを調節しながら吹く …… 40
実践 10 風船キャッチボール 目と体の協応性を育てる …… 42
実践 11 足でタオルつかみ 足裏の筋肉を鍛え「土踏まず」をつくる …… 44
実践 12 雨のスタンプ絵 1対1対応の理解につながる …… 46
COLUMN 就学前に必要なこと 2 座れる体づくり …… 48

2章 3～4歳児で育む「10の姿」 …… 49
3～4歳児の育ちでとくに大切にしたいこと …… 50
実践 13 平均台 正しい歩き方を身につけ、周辺視を鍛える …… 52
実践 14 新聞紙でステッキづくり 手先の巧緻性《こうちせい》を育てる …… 54
実践 15 牛乳パックを使ったストローさし 目と手の協応性を育てる …… 56
実践 16 あいうえ遊び歌 語彙《ごい》数を増やす …… 58
実践 17 看板の名前探し 文字への興味を育てる …… 60
実践 18 今日の風は何色 「共感覚」を認め、創造性を伸ばす …… 62
実践 19 ケンケン 体幹を鍛え、きちんと座れる体をつくる …… 64

実践 20 双眼鏡 共同注視力を育てる …… 66
実践 21 「いやだ」の場面を絵に描く ネガティブな感情を安心して出す …… 68
実践 22 ボールで的当て 工夫する力が育つ …… 70
実践 23 点取りゲーム 数の理解につながる …… 72
実践 24 音の見える化 目に見えないものをイメージする …… 74
実践 25 アリの観察 注意深く観察する力を育てる …… 76
実践 26 野菜の浮き沈みの実験 水の性質を考える …… 78
COLUMN 就学前に必要なこと 3 文字への興味・関心を育てる …… 80

3章 5歳児で育む「10の姿」 …… 81
小学校入学に向けてとくに大切にしたいこと …… 82
実践 27 マス目遊び 上下左右の理解を進める …… 84
実践 28 カレンダーでスケジュール管理 先を見通して行動する力を育てる …… 86
実践 29 1分間クイズ 時間の感覚を身につける …… 88
実践 30 缶けり 総合的な能力を高める …… 90
実践 31 たからもの紹介 人に伝える力を育てる …… 92
実践 32 お話づくり 友だちと協力しながら論理的な思考力を身につける …… 94

序章

「幼児期の終わりまでに育ってほしい姿（10の姿）」とは

未来を生きるために必要な「10の姿」

平成29年に改訂された3法令（幼稚園教育要領・保育所保育指針・幼保連携型認定こども園教育・保育要領）で、就学前までに育ってほしい姿として「幼児期の終わりまでに育ってほしい姿」が示されました。

これは、幼児期から小学校、さらには中学校、高等学校まで続く学校教育全体を見渡し、未来を生きる子どもたちにどのような資質・能力が必要かを考えてつくられたものです。「健康な心と体」「社会生活との関わり」「言葉による伝え合い」など「10の姿」があり、指針・要領で示されている「5領域」ともつながっています。

幼児期の終わりまでに育ってほしい10の姿と5領域とのつながり

1 健康

1 健康な心と体

2 人間関係
- 2 自立心
- 3 協同性
- 4 道徳性・規範意識の芽生え
- 5 社会生活との関わり

3 環境
- 6 思考力の芽生え
- 7 自然との関わり・生命尊重
- 8 数量や図形、標識や文字などへの関心・感覚

4 言葉
- 9 言葉による伝え合い

5 表現
- 10 豊かな感性と表現

大切なのは、これら「10の姿」は決して到達目標ではないことです。指針・要領で示されたねらい及び内容に基づいて計画され、実践される活動全体を通して、育みたい資質・能力が育まれている子どもの幼児期の終わりに見られる具体的な姿だということです。

園では、子ども1人ひとりの発達の個人差に留意しつつも、子どもの育つ先にこれらの姿があることをイメージしながら日々の保育にあたる必要があります。

「小1プロブレム」の現状

ここにきて「10の姿」が示されるに至った理由の一つに、20年ほど前から言われ始めた「小1プロブレム」の問題があります。

小学校1年生で、親から「いつも1番を取りなさい」と言われていた子どもがいました。体育館に行くためにクラスのみんなで並んだところ、その子は前から3番目になってしまいました。すると、その子は「1番じゃなかった、殺してやる！」と言いました。でも、その子は本当に「殺してやる」と思ったわけではないのです。「1番じゃなくて悔しい」という思いがあるだけなのです。

こうした状況になるのは、言葉で気持ちを伝えるトレーニングが圧倒的に不足しているからだと考えられます。自分の気持ちを相手に伝わるように言うことができないので、手が出てしまうのです。

「小1プロブレム」は、このように小学校1年生が学校生活に適応できないために起こす混乱状態のことを言います。

文部科学省が平成30年10月に発表した「平成29年度児童生徒の問題行動・不登校等生徒指導上の諸課題に関する調査結果」によれば、暴力行為をおこなった子どもの人数が、平成18年度と比べて1年生が19・2倍、2年生が12・7倍、3年生が12・3倍に増加していました。

「10の姿」で子どもの育ちの連続性を図る

「小1プロブレム」を解決するには、幼児期の教育と小学校教育との円滑な接続が必要です。そこで、各小学校では10年ほど前から「スタートカリキュラム」を作成し、接続期の階段をゆるやかにするための工夫をおこなってきました。しかし、期待するほどの成果を得ることはむずかしく、現場は混乱し続けてきたという現実があります。

そこで生まれたのが「10の姿」なのです。これを幼児教育と小学校教育の共通言語として、育てたい子ども像を明確にすることで、子どもの育ちの連続性を図ります。

意識して育てたい4つの柱

私は以前から、「小1プロブレム」の問題を解決するためには「身体能力・体幹」「感覚統合」「言語・理数能力」の3本柱が大切だと考え、それを育むための保育実践を推奨してきました。示された「10の姿」を見て、この3本柱が密接に関係していると気づきました。さらに、最近、注目されている「非認知能力」も、「10の姿」と強いつながりがあると思いました。

つまり、**「10の姿」は、「身体能力・体幹」「感覚統合」「言語・理数能力」「非認知能力」の4つが総合的に絡み合って達成されるのです。**

例えば、「健康な心と体」は「身体能力・体幹」や「感覚統合」と、「社会生活との関わり」は「言語・理数能力」や「非認知能力」と密接な関係があります。

そのことを心にとめて、以降の4つの柱の説明を読んでください。

1 身体能力・体幹

姿勢を維持するとともに、自分の体を思い通りに動かすために必要です。

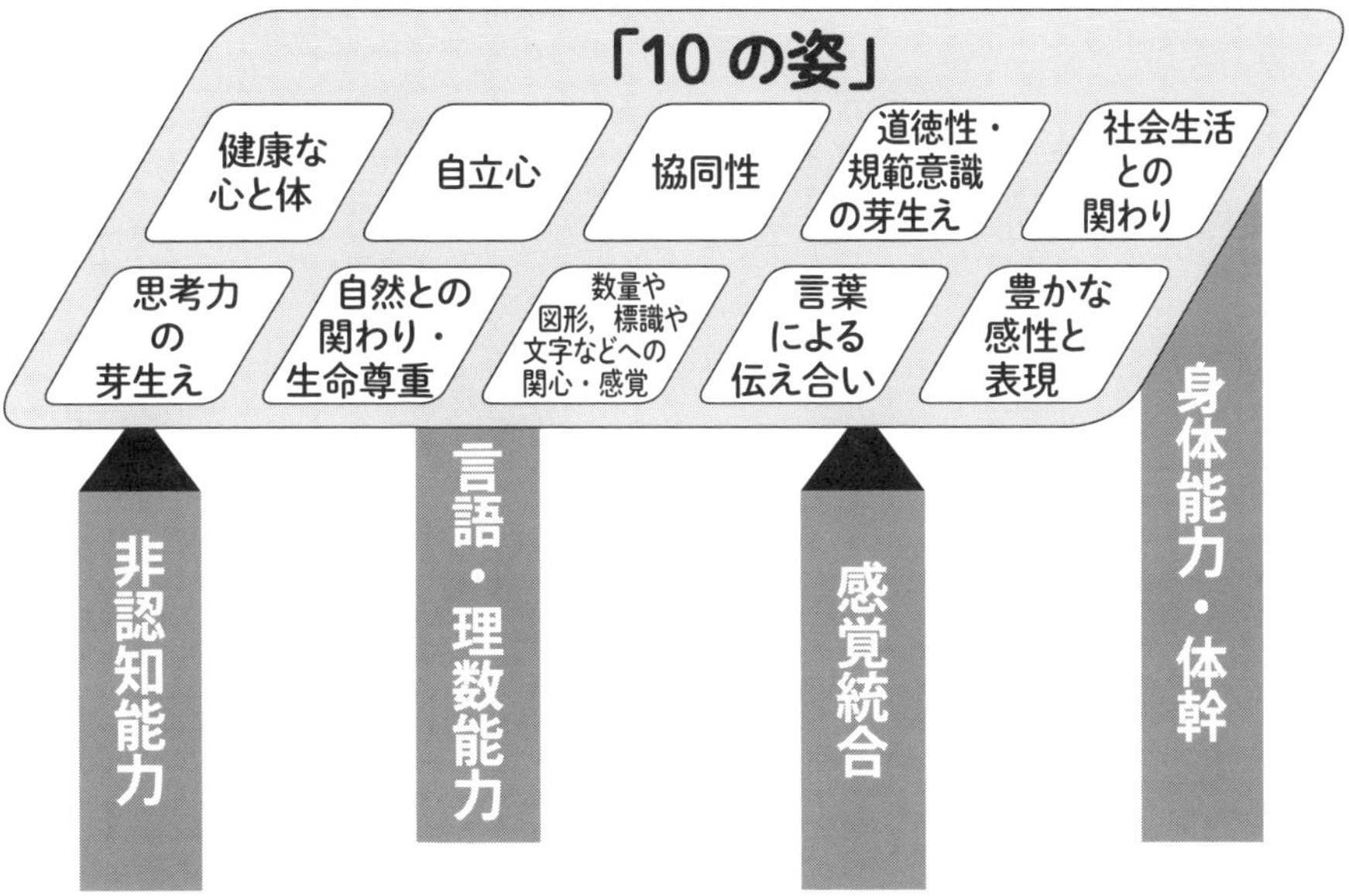

子どもの姿を見てください。すぐに疲れたり、壁にもたれかかったり、落ち着いて座れなかったりしていないでしょうか。そのような姿があるとすれば、もしかしたら体幹が鍛えられていないのかもしれません。体幹を鍛えることで、きちんと立ち、歩き、座れるようになります。

また、自分の体を思い通りに動かせるようになることは気持ちのよいものです。しぜんと意欲が湧き、ものごとに積極的に取り組めるようになります。

2 感覚統合

多くの感覚情報を必要なものとそうでないものに分けて整理したり、関連づけたりして、うまく行動できるようにするために必要です。

感覚情報には、意識しやすく、自覚しやすい視覚、聴覚、嗅覚、味覚、触覚のいわゆる五感のほか、無意識のうちに使っている次の３つの感覚があります。触覚は、どちらにもまたがっている感覚です。

平衡感覚（前庭覚） 頭の傾きを感じ、体のバランスをとる。重力や加速度を感知し、体のバランスをとる。

固有受容覚 関節の曲がり具合、筋肉の張り具合を調整する。体を動かすときのアクセルやブレーキになる。

触覚 危険を察知し、本能的に身を守る行動を起こすスイッチとなる。

これらの感覚情報のいずれかに難がある場合、「感覚統合」がうまくいかず、生活に支障をきたすおそれがあります。

例えば、いろいろな音のなかから人の声だけを取り出して聞き取ることができなかったりします。また、手足をまっすぐに伸ばしたり、バランスをとることができなかったりします。

3 言語・理数能力

知的な育ちに必要であることはもちろん、言語能力は、自分の気持ちを人に伝えたり、相手の言葉を理解するなどコミュニケーション力の土台になります。理数能力は、論理的な思考力の土台になります。

4 非認知能力

人が人らしく、自分の能力を発揮しながら生きていくために必要です。

認知能力とは、ＩＱや学業達成など、学力テスト等で測れる能力です。それに対して非認知能力は、自制心や勤勉性、外向性、協調性等、客観的な測定がむずかしい能力です。例えば、目標に向かって努力したり、まわりの人と協力し合いながら最後までやり抜くことができるのは、非認知能力があってこそ。現在、海外を中心とした多くの研究によって、非認知能力の重要性が指摘されています。

次の図は、この本全体で伝えたいことを「りんごの木」の形にまとめたものです。子どもはどれか1つの力だけが伸びるのではなく、複合的に様々な能力が同時進行で育っていきます。そうした子どもの変化・成長を促す方法や働きかけを考えることで、子どもたちはもっと成長していきます。

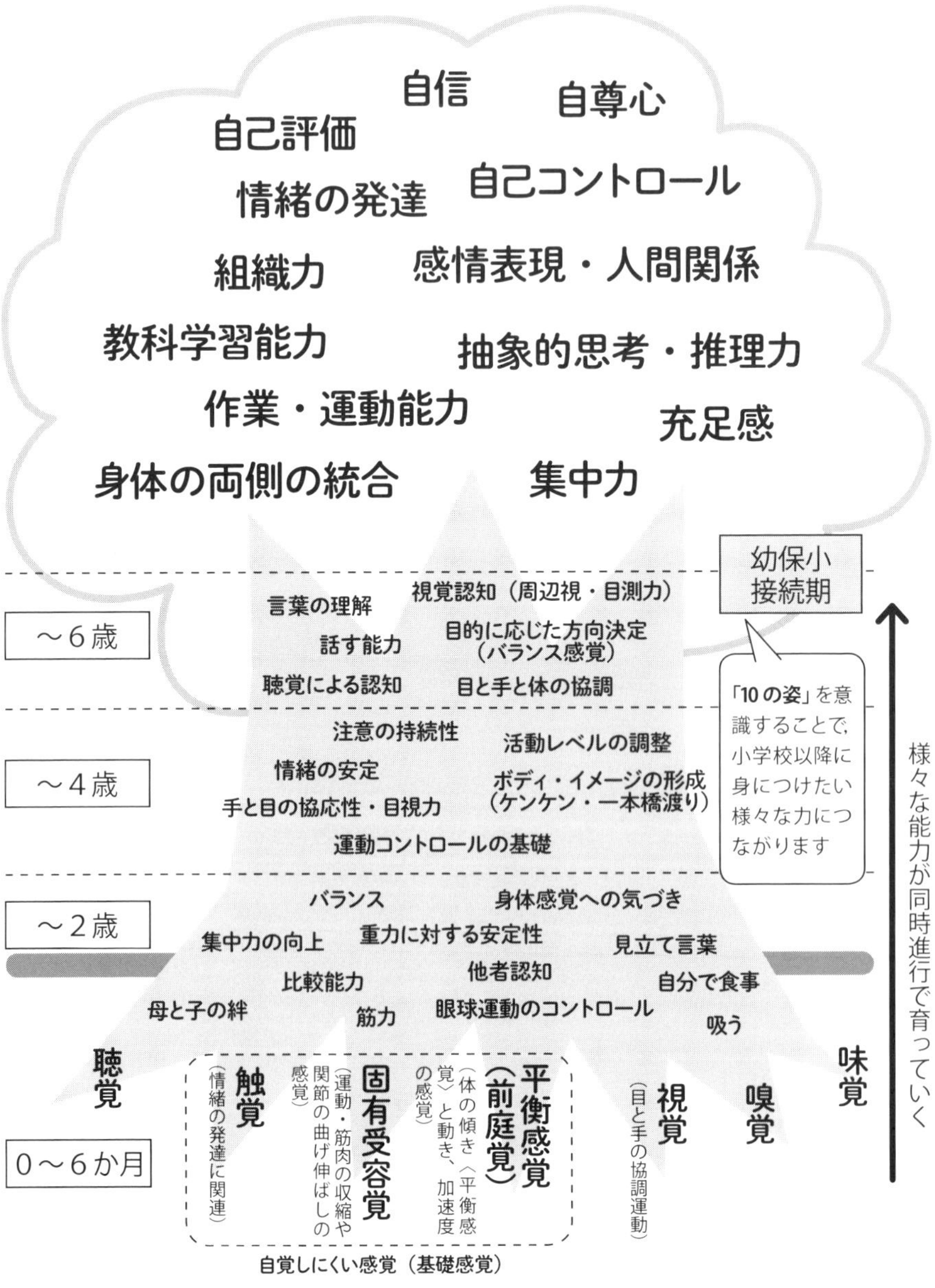

自信
自尊心
自己評価
情緒の発達
自己コントロール
組織力
感情表現・人間関係
教科学習能力
抽象的思考・推理力
作業・運動能力
充足感
身体の両側の統合
集中力
幼保小接続期
～6歳
言葉の理解
視覚認知（周辺視・目測力）
話す能力
目的に応じた方向決定（バランス感覚）
聴覚による認知
目と手と体の協調
「10の姿」を意識することで、小学校以降に身につけたい様々な力につながります
～4歳
注意の持続性
活動レベルの調整
情緒の安定
ボディ・イメージの形成（ケンケン・一本橋渡り）
手と目の協応性・目視力
運動コントロールの基礎
～2歳
バランス
身体感覚への気づき
集中力の向上
重力に対する安定性
見立て言葉
比較能力
他者認知
自分で食事
母と子の絆
筋力
眼球運動のコントロール
吸う
0～6か月
聴覚
触覚（情緒の発達に関連）
固有受容覚（運動・筋肉の収縮や関節の曲げ伸ばしの感覚）
平衡感覚（前庭覚）（体の傾き（平衡感覚）と動き、加速度の感覚）
視覚（目と手の協調運動）
嗅覚
味覚
自覚しにくい感覚（基礎感覚）
様々な能力が同時進行で育っていく

4つの柱に働きかける保育実践

「10の姿」を目指すためには、4つの柱を効果的に育む保育実践が求められます。そして、それは0歳のうちから意識して取り組む必要があります。

本書では、私がかかわってきたいくつかの園でおこなっている保育実践のうち、「10の姿」を育むためにとくに効果的であると思われるものを年齢別にまとめました。一つの実践が一つの側面だけに働きかけているわけではなく、複数の側面に働きかけているのがおもしろいところです。

もちろん、こちらに挙げたものは一例であり、ほかにも様々な保育実践が「10の姿」につながっていると思われます。ご自身の園でもいろいろな工夫をしてみてください。

COLUMN

就学前に必要なこと❶
子どもの表現は意見としてとらえる

子どもの権利について定めた「子どもの権利条約（1990年に発効，日本は1994年に批准）」の第12条には，子どもには「自由に自己の意見を表明する権利」があると書かれています。これを「意見表明権」と言います。これまでは，意見を言える中学生くらいから行使できるものととらえられてきました。

2005年に国連の「子どもの権利委員会」は，「乳幼児は，話し言葉または書き言葉という通常の手段で意思疎通ができるようになるはるか以前に，様々な方法で選択をおこない，かつ自分の気持ち，考え及び望みを伝達しているのである」として，「乳幼児期における子どもの権利の実施」に言及しました。

この文章を読み，私は子どもの「意見表明権」は「意見表現権」と考えたほうが適切なのではないかと思うようになりました。その視点で子どもを見てみると，どんなに幼い子どもでも，その視線の向け方や手足の動き，顔の表情，泣く，笑うなどあらゆる表現で，自分の思いをこちらに伝えようとしていることに気づかされます。

子どもの「意見表現権」を大切にしていきましょう。

1章

0～2歳児で育む「10の姿」

0歳児の育ちで
とくに大切にしたいこと

0歳児の
発達の様子

・特定の人に対する情緒的な絆《きずな》が形成される時期です。スキンシップを大切にしながら信頼関係を深め，子どもの心を安定させていくことが大切です。

0歳児
とくに育みたいポイント

・まだ抵抗力が弱いため，安全，保護，養護を第一に，食事や睡眠などの生活リズムを整えます。

・はう，歩くなどの運動に向かえるように，伸び伸びと体を動かします。

・ゆれる感覚など様々な感覚の基礎を培います。

・親との愛着関係をていねいに育てていきます。

・喃語《なんご》が出やすい環境づくりを通して，子どもの認識力の基礎を育てます。

1〜2歳児の育ちで とくに大切にしたいこと

1〜2歳児の発達の様子

・基本的な運動機能がしだいに発達し，自分の意思で移動することが可能になります。

・興味の幅が広がり，つまむ，めくるなどの指先の機能も発達します。

・不十分でありながらも，自分の意思や欲求を言葉で伝えようとし始めます。

**1～2歳児
とくに育みたい
ポイント**

・体幹を含めた身体機能を，より鍛えられる環境を用意します。

・子どもの主体性を尊重しながら，様々な感覚を使う経験，様々な人とふれあい，つながりをつくる経験を積んでいくことが大切です。

実践1

バスタオルに子どもをのせてゆれを楽しむ
ゆらゆらゆりかご

自分で思うように体が動かせない時期の子どもは、とくに「ゆれる」という刺激を好みます。大人でも、電車などのここちよいゆれに眠りを誘われるように、ゆらゆらとゆられることは精神の安定につながるからです。

ゆれに体を対応させることは体幹を鍛えます。ゆられながらも保育者の顔を見るように促すことで、「じっと見る（目視）」「目で追う（追視）」などの視る力も高まります。さらに、スピード、回転を感じて、自分の体をコントロールするための平衡感覚（前庭覚）が育ちます。

10の姿とのつながり

・体幹を鍛えることで**健康な心と体**をつくる
・感覚統合が進むことで、自分の体を思うように動かせるようになり、意欲や**自立心**が高まる

※太文字が「10の姿」です

ゆらゆらゆりかごの遊び方

準備

・厚手の毛布や薄めの布団（しっかりと体を支えられるもの）

遊び方

①はじめは低い位置でゆっくりゆらす。

②保育者の顔が見えるように，
毛布や布団を斜めに傾けてゆらす。

実践のポイント！

子どもがゆれを怖がらないように，毛布や布団を少し斜めに傾け，保育者と顔を見合わせるようにします。胸もとにワッペンをつけ，「ほうら，ワンちゃんだよ」などと声をかけて視線を向けさせてもよいでしょう。

実践2

スキンシップで信頼関係を高める いないいないばあ

「いないいないばあ」は、一時的な分離から再会を予想し、再会がかなうことに喜びを感じる遊びです。相手との信頼関係があってこそ、楽しめるものです。

「いないいないばあ」以前に、ぎゅっと抱きしめるなどふれあいを通して子どもに「大好き」の気持ちを伝え、信頼関係を築くことから始めます。

再会を喜ぶ気持ちを何度も体験することで、保育者との信頼関係がより強くなります。「ばあ！」とするときの表情を変えると、子どもの喃語《なんご》を引き出します。

10の姿とのつながり

・保育者との信頼関係を通して自己肯定感が高まり、**自立心**の土台ができる
・言葉の芽となる喃語を引き出すことが**言葉による伝え合い**につながる

おうちの人が見える“1人ひとりの専用絵本”

おうちの人に協力してもらい，その写真を使った絵本をつくります。顔が常に見えることで，おうちの人とのつながりを深めます。

準備

・色画用紙

・おうちの人の写真２枚（“いないいない”と手で顔を覆っている写真，“ばあ！”と手を広げ笑顔の写真）

作り方

①写真を１枚ずつ貼った色画用紙を，“いないいない”“ばあ！”の順に重ね，左端を留める。

②荒く扱っても大丈夫なように，ブックカバーフィルムを貼る。

子どもは絵本の開き方に慣れているので，横開きになるように作ります

実践のポイント

保育者が「いないいない」「ばあ！」と声をかけて一緒にめくることで，楽しみながら「あ～」などの喃語が出るようにします。

実践3

人とふれあう楽しさを味わう

布団でゴロゴロ

布団のうえに寝転がり、イモ虫になったつもりで左右にゴロゴロ。単純な遊びですが、同じ姿勢を保ちながら体を動かすことは、姿勢維持に必要なインナーマッスル（体の深部にある筋肉）を強化したり、体のバランス感覚を養います。

また、保育者や友だちと同じ動きをすることや、すぐそばに保育者や友だちの存在を感じることは、「楽しい」という気持ちを共有する経験にもなります。こうしたノンバーバル（非言語）コミュニケーションは、人への興味・関心、コミュニケーションの土台をつくります。

10の姿とのつながり

・体を動かすことで**健康な心と体**をつくる
・人への興味・関心、コミュニケーションの土台をつくることで**協同性**や**社会生活との関わり**が育つ

布団でこんな動きも

あお向けに寝転び，
両足を上に上げます。
上げた足を
揃えたまま，
左右に少し傾けます

片足だけ
上げた状態で
キープ

腹ばいになり，
手足を浮かせます

実践4

自分の居場所を自己決定する
デン（隠れ家）

社会生活を営むうえで大切なのは、ネガティブな感情を抱えたときに、その感情をうまく処理することです。子どもに泣かないことを求めるのではなく、泣いたけれども自分で泣き止む力を養うことが大切です。

そのためには落ち着く時間と落ち着く空間を用意します。人はポジティブな気持ちのときは広い空間、ネガティブな気持ちのときは狭い空間で過ごしたくなります。子どもがそのときの感情に合わせて、居心地のよい場所を選択することは自分の感情をコントロールできる力につながります。

10の姿とのつながり

・居場所を自己決定することで**自立心**の土台をつくる

・ネガティブな感情も自分でコントロールできるようになることが**道徳性・規範意識の芽生え**につながる

子どもの心を落ち着かせるデン空間

デンの作り方

①ダンボールなどを活用して，子どもが１～２人入れるくらいの小さなおうちを作る。

②子どもたちで飾りつけをしたり，そのおうちの名前をつけたり，また，ドアをつけてみてもよい。

実践のポイント

子どもに疲れや何か不安げな様子がみえたら，「疲れたのかな」と子どもの気持ちを受け止め，そのうえで「デン」で過ごすことを提案します。子どもに，落ち着ける空間で過ごすと気持ちも落ち着くことを体験させましょう。

実践5

朝の散歩

生活リズムを整え、脳と体を覚醒させる

朝、外に出て日の光を浴びると、脳にある体内時計がリセットされて活動状態に導かれます。体内時計からの信号で、メラトニンの分泌が止まり、セロトニンが分泌されます。昼間はセロトニン、夜間はメラトニンという2つのホルモン分泌の流れが、よい睡眠をもたらし、生活リズムを整えてくれるのです。

また、散歩は、自然にふれあう機会でもあります。ほおにあたる風を感じたり、空を見上げて雲の動きを楽しむだけでも五感は刺激されます。同じものを見ながら「きれいだね」と感動を共有することで心に育つものはあるのです。

10の姿とのつながり

- 生活リズムを整え**健康な心と体**をつくる
- 自然とふれあうことが**自然との関わり・生命尊重**につながる
- 五感を刺激することで**豊かな感性と表現**が育つ

散歩を楽しくするアイデア

しかけを用意する

散歩でただ歩くだけでなく，しかけをしてみましょう。散歩途中の木の上に魔女の絵やぬいぐるみなどをわざと置いておくことで，ワクワクした散歩にします。

「あ，あんなところに魔女がいる⁉　みんなと一緒に散歩したかったのかな」などの言葉が出るようにするとよいでしょう。

木の上に魔女の絵

実践のポイント

散歩の途中にいろいろなものを目で見て，耳で聞いて，肌で感じたことに気づけるように言葉をかけ，それをみんなで共感することが大切です。例えば，赤い実を見つけて「あ！ぶどうだ」と叫んだ子どもがいたら，保育者も探して見つけ，みんなにも知らせながら「ぶどうだね」と共感します。

実践6

人とつながる言葉を知る
カンパイごっこ

「カンパイ」という言葉は、なぜか人を誘います。大人でも、飲み会などで誰かが「カンパイ！」と言うと、しぜんと「カンパイ！」と声を出してグラスを打ち合わせるはずです。こうした言葉が、実はたくさんあります。「ありがとう」「いただきます」「おめでとう」などがそうです。人とつながる言葉を教えることは、人とつながることのできる子どもを育てることになるのです。そのほかには、「どうぞ」や「めしあがれ」などの言葉も人をつなげていく力があります。

10の姿とのつながり

- 友だちとつながる経験を通して**協同性**の土台をつくる
- 話し方や言い回しに興味をもち、新しい言葉を覚えたり、まねしたりすることで**言葉による伝え合い**が育つ

人とつながる言葉の伝え方

ごっこ遊びのなかで，保育者が「カンパイ！」と言うと，まわりのみんなもつられて言います。そのときに，「カンパイって言うと，楽しくなるね」など，言葉が人を楽しませたり，元気にする力をもっていることを伝えましょう。

実践7

触覚を刺激し、心と脳を育てる

片栗粉粘土で感触遊び

触覚は、脳にもっとも近い感覚です。人間は触覚によって外の世界を知り、自分自身との境界を理解します。触覚が十分に育たなかった子どもは、例えば、指の触覚がうまく働かないため、筆圧が弱かったり、消しゴムを使うと紙がクシャクシャになるなど、ものに応じた扱いをすることがむずかしかったりします。

触覚は、遊びを通して様々な感触を経験することで育ちます。ツルツル、ペタペタとした、子どもが好む感触を楽しめ、能動的に働きかけて容易に形の変わる片栗粉粘土は格好の素材です。

10の姿とのつながり

・能動的に素材に取り組むことで**豊かな感性と表現**が育つ

片栗粉粘土の作り方

準備

・片栗粉
・水
・ボウル
・汚れても大丈夫なように床にビニールシートを敷いたり，机をラップなどで保護する。

遊び方

①ボウルに片栗粉を入れ，少しずつ水を加える。

②手でかき混ぜ，こねる。固体としてすくいあげられる固さにする。

実践8 シール貼り

手先の器用さを育て、形の認識も

シールを台紙からはがしたり貼ったりする行為は、手先の巧緻性《こうちせい》を育みます。また、シールをどこに貼ろうかと考えたり、手についたシールを紙にどのように貼ろうかと試行錯誤することは、集中力を高め、できたときには達成感を味わうこともできます。

はじめはアトランダムにシールを貼るだけですが、そのうち台紙の枠を意識して貼るようになります。シールの形を○→□→△と増やすことで形を認識したり、さらに、自分のイメージした形をシールを用いて表現するようにもなります。

10の姿とのつながり

・手先を含め、自分の体を思うように扱うことができるようになることで**健康な心と体**が育つ

・形の認識が進み**数量や図形、標識や文字などへの関心・感覚**が育まれる

シール貼り遊び

準備

・丸や四角，三角のシール
・シールの枠を描いた紙

遊び方

①最初は子どもが自由にシールを貼る。

②次の段階では，枠の中にシールを貼るよう声をかける。

実践のポイント

はじめてシール貼りをするときは丸い形からにします。シールを台紙からはがすとき，丸い形はどこからでも子どもがはがすことができるからです。次ははがす角が４つある四角形，角の数が少ない三角形へと挑戦します。

実践 9

息の強さを調節しながら吹く シャボン玉遊び

息が強すぎても弱すぎても、シャボン玉はふくらみません。ちょうどいい加減を探りながら、息の強さを調節していく過程で、感覚統合が進みます。また、大きなシャボン玉をつくるためには、口先をとがらせほおをへこませて、ゆっくり息を吹くことが必要ですが、それには腹式呼吸が求められます。腹式呼吸は、体幹を鍛えます。

シャボン玉の美しさや不思議な動きを見てイメージをふくらませることも、シャボン玉遊びの楽しみ方の一つ。「どこに飛んでいくんだろうね」などと、子どもと会話をしましょう。

10の姿とのつながり

- 感覚統合が進み、自分の体が思い通りに動かせるようになることで、**健康な心と体**が育つ
- イメージをふくらませながらの会話が**言葉による伝え合い**や**豊かな感性と表現**につながる

シャボン玉遊びをアレンジ

かざぐるまを吹く

かざぐるまもシャボン玉同様，遊びを通して息を吹く強さを調節する力を養います。また，何度も息を吹くことで体幹を鍛えます。

口先をとがらせて息を吹きかけられない子どもには，保育者が口先をとがらせ息を吹き出すことを見せ，一緒にやってみます。

かざぐるまは息のあたる場所によって回ったり回らなかったりします。はじめのうちは，吹きかけるべき位置にシールなどを目印として貼るとよいでしょう。

実践のポイント

ビニール袋の下のほうに子どもが好きなキャラクターの絵を描き，保護者や子ども自身が手に持って目の前にかかげ，絵を狙って息を吹く遊びもよいでしょう。息を吹く強さによって，ビニールのゆれ方が変化します。ちょっとした時間に楽しむことができます。

実践10

目と体の協応性を育てる
風船キャッチボール

風船を目で追いながら飛ばす、たたく、キャッチするためには、目と体を連動させなければなりません。風船が落下するスピード感と落下の方向・位置を予測して動く必要もあります。体を使うことで体幹が鍛えられるほか、感覚統合が進みます。

キャッチボールを楽しむためには、相手が取りやすいような位置に風船を飛ばすことで空間認知が育ちますし、相手の立場になって判断することで、非認知能力も育ちます。

風船はゆっくり動くので、どこで受け止めればよいかを考える時間があるのが利点です。

10の姿とのつながり

・身体を動かすことで**健康な心と体**が育つ
・キャッチボールをする楽しさを友だちと共有するなかで**協同性**が育つ

風船キャッチバリエーション

保育者と
ペアになって
ラリーで
飛ばし合い
上に浮かせて
キャッチ

強く投げるとキャッチできないことがわかり，自分で力を加減しながら投げる力を身につけることができます。

実践のポイント

風船キャッチボールで慣れてきたら，新聞紙を丸めて作ったボール，やわらかいソフトバレーボールなどに慣れさせていきましょう。

実践11

足裏の筋肉を鍛え「土踏まず」をつくる
足でタオルつかみ

体を自分の思い通りに動かすために意識してつくりたいのが、人間の基本的な動きのもとになる土踏まず。「立った姿勢のバランスを保つ」「体重を支える」「足の指の働きがよくなる」「跳ぶ、飛び降りたときのクッションになる」、などの役割があります。

土踏まずは生まれつき備わっているものではなく、3歳ごろから筋肉が発達するにつれ、しだいにつくられていくものです。0～2歳の時期にふだん動かさない足の指を意識して動かす運動を取り入れ、足の指から足裏、足首につながる筋肉を鍛えていきましょう。

10の姿とのつながり

・人間の基本的な体の動きのもととなる「土踏まず」をつくることで、**健康な心と体**が育つ

足でタオルつかみの遊び方

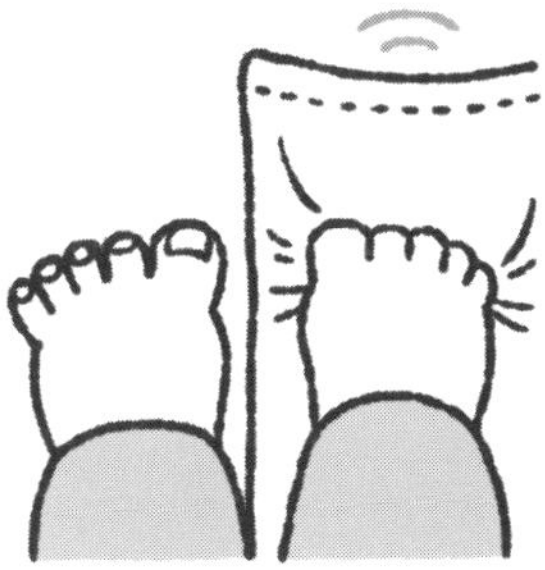

基本の動き

タオルを床の上に置き，その上に片足をのせます。次に足の指を曲げることでタオルを引き寄せます。このとき，かかとや足全体を使ってタオルを引き寄せないようにしましょう。

椅子に座ってタオルを足指で寄せたりするのもよいです。

タオル綱引き

２人で向かい合い，タオルの両端に片足ずつをのせます。
合図で，足の指を曲げタオルを自分のほうに引き寄せます。
タオルから足を離したほうが負けです。

実践12

1対1対応の理解につながる 雨のスタンプ絵

スタンプ遊びでは、スタンプを押すと紙に色がつくことから、自分の行動に対して結果が生じることに気づきます。

1回押すと1つ色がつく、2回押すと2つ色がつくことから、1対1対応を理解するためにも役立ちます。

また子どもの触覚は、大切に育みたい感覚の一つ。最近は手が汚れることをいやがる子どももいますが、「汚れてもいい経験」を通して積極的に五感を刺激しましょう。

10の姿とのつながり

・行動と結果の関連性に気づくことで**思考力の芽生え**が育つ
・1対1対応を理解することで**数量や図形、標識や文字などへの関心・感覚**が育つ

絵の具を水で薄めたもので雨を表現

雨を観察したうえで「今日の雨はどんな雨かな？」と問いかけます。色や指先を紙に押すときの強さ弱さ，動きなどで雨をどのように表現するかを工夫することは，子どもの表現力を伸ばします。また，紫色の絵の具を使って，ぶどうなどを表現するのもおもしろいでしょう。

COLUMN

就学前に必要なこと❷
座れる体づくり

小学校の荒れが社会問題化しています。

荒れの内容は様々ですが，低学年では，立ち歩きやおしゃべり，子ども同士のけんかなどによる授業妨害が目立ちます。そこから浮かび上がってくるのは，落ち着いてきちんと座っていられない子どもの姿です。

座っていられないのは，子どもの心の育ちに原因があることはもちろんですが，そのほか体の育ちにも問題があることがわかってきました。

体を動かした遊びや生活体験の不足により，座る姿勢を維持するために必要な体幹が鍛えられていないのです。

そのため，じっと座っていられずついフラフラと歩きまわってしまったり，気が散って隣の子にちょっかいを出したりしてしまいます。

それだけではありません。座っていられないと先生の話も耳に入ってこず，授業に集中できません。結果として，学習の遅れから学校がつまらなくなる，自信を失い自己肯定感が低くなる，ひいては不登校などにもつながりかねません。就学前に座れる体づくりをしておくことが大変重要なのです。

2章

3～4歳児で育む「10の姿」

3〜4歳児の育ちでとくに大切にしたいこと

3〜4歳児の発達の様子

・基本的な身体能力が確立し，排泄や着脱などの生活の自立もほぼ完成しています。

・自分の思いや気持ちを言葉で表現できるようになります。

3〜4歳児 とくに育みたいポイント

・自分の体を思うように動かせることが子どもの自己肯定感を育み，意欲を高めることにつながるので，体幹を含めた身体能力を育てる活動を取り入れます。

・保育者など大人との関係だけでなく，友だちとの関係づくりも大切になってくるので，友だちとつながる経験も増やします。

・論理的な思考力も芽生えてくるので，様々な感覚を経験していきます。

実践13

平均台

正しい歩き方を身につけ、周辺視を鍛える

正しい足の運びと正しい姿勢を身につけるための遊びです。平均台を落ちずに渡るためには、足を交互にまっすぐ前に出し、かかとから着地することが必要です。その動きが背筋を伸ばし、バランスのよい体づくりに役立ちます。

また、スムーズに渡るためには足元ではなく前を見て、スッスッと足を運ぶことも求められます。これによって、まわりを見通しながら歩いたり走ったりできる周辺視も鍛えられます。

10の姿とのつながり

・正しい足の運びと姿勢を身につけることで**健康な心と体**が育つ

※太文字が「10の姿」です

平均台わたりのやり方

準備

・平均台
（床に 20cm 幅のラインを引いて平均台に見立てるなどでも可）
・目標になる絵など

遊び方

①平均台の先に，平均台に立った子どもの目の高さの壁に絵を貼る。

② 1人ずつ，目標の絵を見ながら平均台を渡る。

③ゆっくり歩かせながら，片足で支える感覚を育てる。

実践のポイント

カニ歩きになってしまう子どもは，ふだんすり足で歩いています。足を運ぶ少しの間，片足で立っているための体幹が育っていないのです。まずは片足立ちから練習してみるとよいでしょう。

実践14

手先の巧緻性《こうちせい》を育てる

新聞紙でステッキづくり

新聞紙を細く丸める作業には、手先の器用さが必要とされます。細く丸めれば丸めるほど、硬くて丈夫なステッキになることを理解すれば、子どもは夢中になって取り組むので、しぜんと手先が鍛えられます。

完成したステッキは、いろいろなものに見立てて遊ぶことができます。「魔法のステッキ」として飾りをつけるなど製作遊びに発展させていくこともできます。

10の姿とのつながり

- 手先の器用さが育つことから**健康な心と体**につながる
- 「魔法のステッキ」としてイメージをふくらませながら遊ぶことで**豊かな感性と表現**につながる

ステッキの見立て遊びアイデア

ステッキを
丸い形にして
虫めがねを作り，
探偵ごっこ
長い
スズランテープを
つけて，
リボン遊び
色画用紙で作った
星やきらきらテープを
ステッキの先につけて
魔法ごっこ

実践15

目と手の協応性を育てる
牛乳パックを使ったストローさし

小学校低学年の子どものなかに、ひらがなは書けるのに、黒板の文字をノートに書き写せない子どもがいます。そうした子どもは、目で見たものを手で書き写すという、目と手の協応性が育っていないのです。目で遠くの黒板の文字を見て、自分の手もとのノートに書き写すには、「しっかり見る」「見ながら指先を動かす」「遠い・近いという距離感を測る」ことが必要です。遊びのなかにこれらの要素を取り入れ、目と手の協応性を育てながら「学びに向かう姿」の第一歩にしていきましょう。

10の姿とのつながり

・目で得た情報をもとに指先や体を使って行動するので、**健康な心と体**が育つ

牛乳パックを使ったストローさし

準備

- 牛乳パック
- ストロー

遊び方

牛乳パックにキリなどで開けた穴にストローをさす。

目と手の
協応性を
高めます

ストローを
穴にさすためには
鉛筆を持つような
手の形にする
必要があります

実践16

語彙《ごい》数を増やす あいうえ遊び歌

人に自分の気持ちを伝える、相手の気持ちを理解するなど、人とコミュニケーションするうえで言語能力はとても大切です。

言語能力の土台となるのが語彙です。「あいうえ遊び歌」は、遊びながら楽しく語彙数を増やすことができます。

また、クラス全員で取り組むことで、言葉の共通理解が進み、コミュニケーションがとりやすくなります。

10の姿とのつながり

・言葉探しを通して文字や音に関心が高まり**数量や図形、標識や文字などへの関心・感覚**が育つ

・友だちと協力し合いながら言葉を探すことで**言葉による伝え合い**にもつながる

あいうえ遊び歌のやり方

遊び方

①保育者が手拍子をしながら「あのつく言葉を言ってみよう」と伝え，手拍子とともに「あ」で始まる３つの言葉を言ってみせる。

②次は，子どもたちに「い」で始まる言葉を集めてもらい，順番に１人１つずつ手拍子をしながら答えてもらう。

③いろいろな音から始まる言葉を集め，１人ずつ答える。リズムにのせて，うたうように答えると楽しい。

友だちと
協力し合いながら
言葉を探したり，
人前で発表する経験は，
コミュニケーションスキル
そのものも
鍛えることができます

実践17

文字への興味を育てる
看板の名前探し

文字は、人とのコミュニケーションの大事な道具です。文字を教えるというと「早期教育」をイメージしがちです。幼児期に強制的な指導をおこなうことは子どもの発達にマイナスですが、楽しみながら、文字への興味を育てていくことは学びの土台をつくるうえでは必要です。

そのための格好の素材が看板です。外を歩く開放感とともに、楽しく文字に触れることができます。まずは、身近な自分の名前を見つけることから始めるとよいでしょう。

10の姿とのつながり

・文字への興味を育てることで**数量や図形、標識や文字などへの関心・感覚**が育つ

文字への興味を育てるアイデア
ひらがなカード

準備

・厚めの紙

作り方

50音を1文字ずつ書いたカードを作る。

50音表を作成し，
ひらがなカードを
声に出しながら
当てはめます

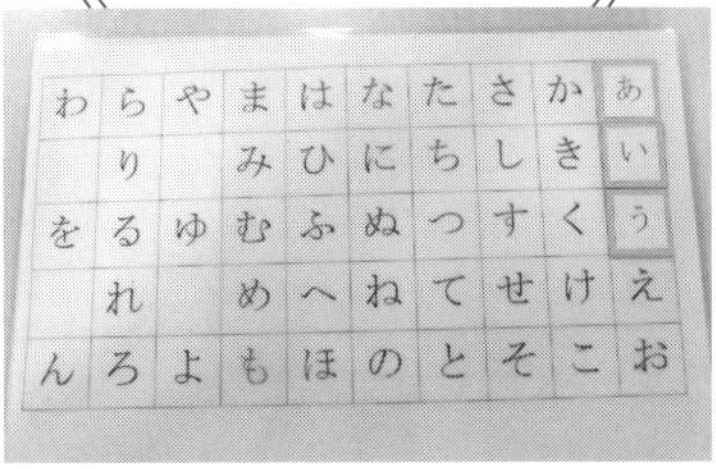

ひらがなカードを
かるたのように並べ，
お題の単語の文字を
探します

実践18

「共感覚」を認め、創造性を伸ばす
今日の風は何色

子どもが「今日の風はピンク色だよ」とか「緑色のクレヨンからピューと音が聞こえたよ」などということがあります。幼い子どもは、音を聞いて色を感じたり、色を見て音を感じたりする「共感覚」というものをもっています。この感覚は脳神経がきちんと交通整理される5歳ごろから徐々に消えていきます。

こうした発言には、うなずきながら一緒にその感覚を楽しみましょう。認めてもらえたことが子どもの自己肯定感を育み、また、表現力も豊かになります。

10の姿とのつながり

- 自分の感覚を言語化する過程で**思考力の芽生え**や**言葉による伝え合い**が育つ
- 自然を感じることで**自然との関わり・生命尊重**の気持ちが育つ

子どもの感覚「共感覚」を広げる遊び

体で感じた「風」を色や味であらわしてみましょう。
「風」で感じたことを表現し合うことで，表現する楽しさや，どのように表現しようかと考えることの楽しさに気づきます。

走ったときに
感じる風は何色？
ゆっくり歩いたときに
感じる風は何色？

風を
食べてみよう。
大きな口で
食べたときは何味？
小さな口で
食べたときは？

実践のポイント

現代の子どもは，言語的な表現力が劣っているといわれる一方で，色彩感覚に優れているといわれます。そのような子どもの特徴をつかみながら保育をおこなうことも大切です。

実践19

体幹を鍛え、きちんと座れる体をつくる
ケンケン

片足で跳ぶ動作で、体幹が鍛えられます。腕を振り上げて体を引き上げることから、体のバランス調整能力が身につき、総合的な運動能力の基礎になります。継続的に取り組むことで体力もつきます。

体幹が鍛えられていないと、背筋を伸ばす姿勢を保つことができません。体幹を鍛え姿勢を安定させられるようになると、座って工作に集中したり、遊びのなかで体を思い通りに動かしたりすることもできるようになります。

10の姿とのつながり

・運動能力や体力がつくことで**健康な心と体**が育つ
・体を思うように動かせるようになると、何に対しても意欲が増し、**自立心**が高まる

正しいケンケンとは

ケンケンは脚や腹筋・背筋，肩・腕の筋肉を強化する全身運動です。
子どもの様子に応じて，ステップを追って実践してみましょう。

Step 1 **片足で立つことに慣れる**

両手をひろげ，片足を 5 秒あげキープ。

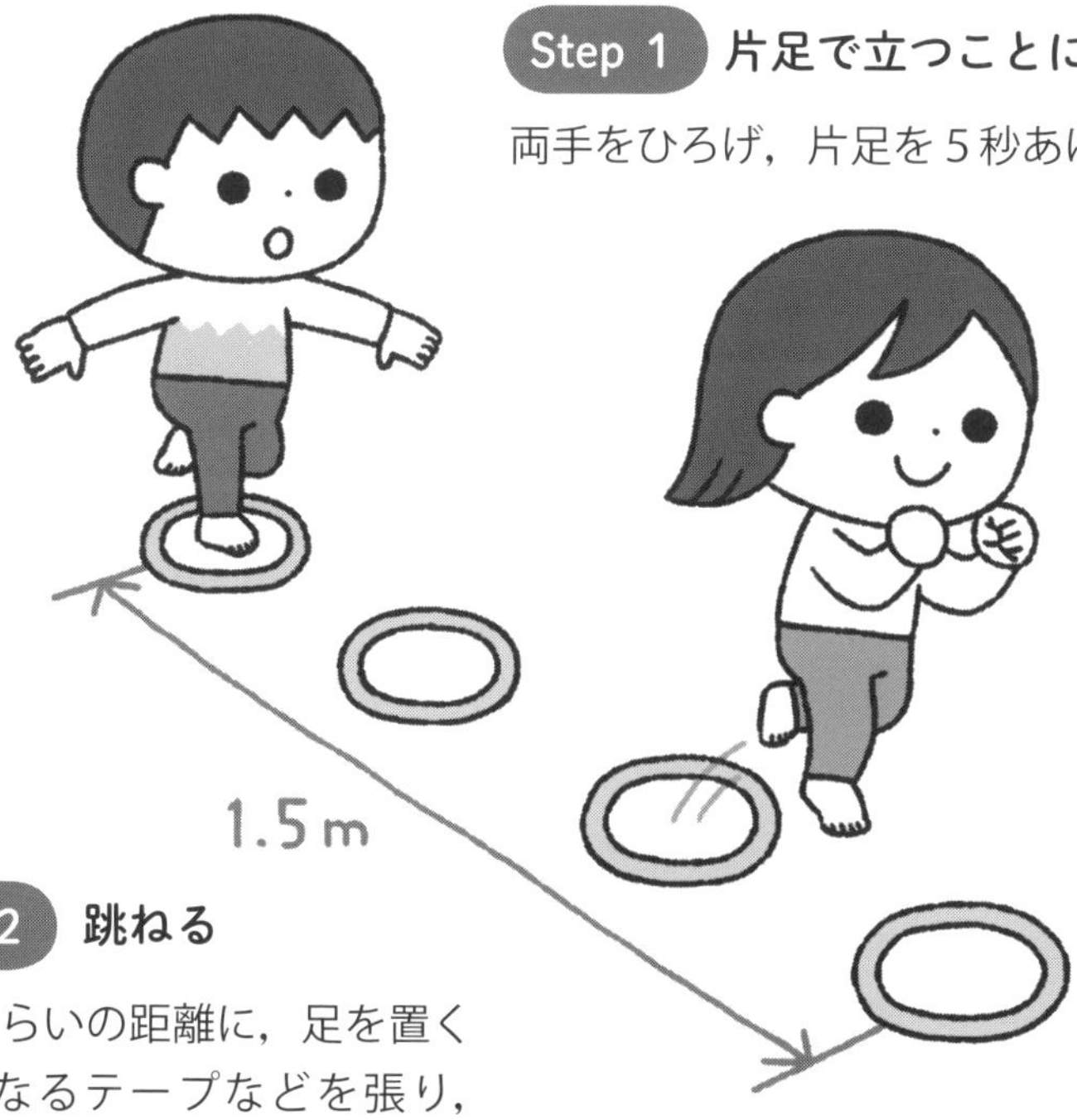

Step 2 **跳ねる**

1.5m くらいの距離に，足を置く目印になるテープなどを張り，片足ケンケンを一人ずつおこなう。ケンケンができない子どもには，両手を広げ片足をあげているポーズから前にジャンプするようにする。

Step 3 **手の動き**

ケンケンの動きは手を振り上げて，体を持ち上げるようにして前に進んでいく。

実践20

共同注視力を育てる 双眼鏡

共同注視力とは、「人から指示されたものを見る力」のことをいいます。共同注視力が高まると、自分の考えを人に伝え共感したいという気持ちが養われていきます。一緒に同じものを見て「きれいだね」などと楽しい時間を共有し続けると、やがて子どもも自分の思いや考えを人に〝伝えたい〟〝共感したい〟という思いになるからです。

共同注視力を高めるには、子どもに見せたいものを指差し、一緒に見ることから始めます。見ているときに「きれいなお花だね」などと声をかけることをくり返します。

10の姿とのつながり

・人と共感したいという気持ちから**協同性**や**社会生活との関わり**が育つ

・きれいなものや自然に興味を向けることで**豊かな感性と表現**や**自然との関わり・生命尊重**の気持ちが育つ

共同注視力を高めるカラフル双眼鏡

準備

・トイレットペーパーの芯２つ
・色つきセロハン

作り方

芯２つを貼り合わせ，片側の穴にセロハンをかぶせて止める。

赤や青のセロハンなどを通して，違う世界に見えることを経験させます

子どもから出てきた言葉を受け止めたり，まわりの子どもに伝えたりし，イメージを共有できるようにします

何が見えるかな
どんな色に見えるかな
空が赤く見えるよ

実践21

ネガティブな感情を安心して出す「いやだ」の場面を絵に描く

第一反抗期（2～3歳）と第二反抗期（思春期）との間に、中間反抗期があるという新しい考え方があります。少しずつ論理的な思考ができるようになることから、大人の言動に矛盾を感じたときなどに口答えとして現れるのが特徴です。

この口答えを無理におさえつけるのはよくありません。ネガティブな感情は感じてはいけないのではなく、感じたうえで自分で処理することが大切。「いやだ」という感情を安心して表に出せるような機会を設けてみてください。

10の姿とのつながり

- 「いやだ」という気持ちを表現することで**言葉による伝え合い**につながる
- 反抗期を乗り越えることで**自立心**や**社会生活との関わり**が育つ

「いやだ」の場面を絵で表現する

子どもに「いやだ」と思う場面を絵で描いてもらいます。

そこに描かれた絵を通して,「なんでいやだったの？」「どこがいやだったの？」と聞き，子どもの思いを言葉で出させ，受け止めます。

「いやだ」と反抗的な態度を取っても，その裏側にある思いはまだ十分表現できない年齢です。自分の思いを受け止めてもらえた，と実感できる機会が大切なのです。

色使いからも，子どもの心の動きを感じたり理解したりするようにしましょう。

実践22

工夫する力が育つ
ボールで的当て

ボールを的に当てるには、的をしっかりと見て、そこまでの軌道をイメージしながらボールを転がす必要があります。目と手を協応させる動きを身につけるほか、思い通りの位置にボールを転がすための手の動きを習得することができます。

また、手の位置を上向きにしてボールを転がす、両手でなく片手で転がすなど、どのようにすればボールが的に当たるかを考え工夫することは、試行錯誤する力をも養います。

10の姿とのつながり

・手と目の協応性を高めること、ボールを扱うことで**健康な心と体**が育つ
・どうしたらうまくボールを転がせるか試行錯誤することで**思考力の芽生え**につながる

ペットボトル・ボーリング

準備

・ペットボトル　・ボール（様々な大きさのもの）

遊び方

①並べたペットボトルに向かって，まずは大きめのボールを両手で転がします。

②倒れた本数を数え，点数をつけます。

③ボールの大きさを変えたり，当てる距離を延ばします。
慣れてきたら，片手で転がしましょう。

実践のポイント

ボーリングのようなゲーム仕立てにし，点数をつけるなど子どもが興味をもつように工夫しながら取り組んでみましょう（P.72・実践23参照）。ルールを守って的当てゲームをおこなうことは，道徳性・規範意識の芽生えにもつながります。

実践23

数の理解につながる 点取りゲーム

生活や遊びのなかで、どちらがどれだけ多いなど数を意識する姿が見られ始めたら、遊びのなかに「数」を取り入れていきましょう。

競争心が芽生える4歳前後からおすすめなのが、点取りゲームです。前ページで紹介した「ペットボトル・ボーリング」などを点数を競うゲームとして楽しみます。その場合、数を視覚的に見せることで、数の概念が理解しやすくなります。

どのようなルールでおこなうか、子どもと話し合いながら決めていくとよいでしょう。

10の姿とのつながり

・数に興味をもつことで**数量や図形、標識や文字などへの関心・感覚**を育む
・チームを組んで競争することで**協同性**が育つ
・ルールのある遊びで**道徳性・規範意識の芽生え**が育つ

目で見てわかる点取りゲーム

準備

・ホワイトボード
・色の磁石

遊び方

①ホワイトボードを得点板とする。

②点数を競うゲームをおこない，得点が入るごとにそのチーム欄にその色の磁石を貼る。

③ゲーム終了後，並んだ磁石の横に数字を書く。

数の概念と数字が結びつけやすくなります

実践24 音の見える化

目に見えないものをイメージする

保育のなかで、子どもに「静かにしなさい」と言う場面があります。しかし、子どもは具体的にどのような声が「静か」なのかわかりません。

そこで、子どもにわかりやすいように、実際に声に出しながら「1の声」「2の声」「3の声」と声の大きさを設定してみんなで確認し、共通認識にしていきます。

そのうえで、「いまは1の声でお話ししようね」「ここは3の声でお話ししても大丈夫だよ」などと知らせていきます。

10の姿とのつながり

・「音の見える化」を通して「なぜだろう」と考える力を育て、**思考力の芽生え**につなげる
・みんなで協力しておこなうことで、**道徳性・規範意識の芽生え**につなげる

音の大きさを目で見て実感する ―音の視覚化―

準備

・洗面器
・ラップ
・大き目の輪ゴム
・砂

遊び方

①洗面器にラップをピシッと伸ばして張り，側面を輪ゴムで止める。

②ラップの上に砂をのせる。

③指でラップの上をたたき，力の加減によって砂の動き方の違いを確認する。

音は本来，目に見えないものですが，音の波動を目で確認することはできます

強い力でたたくほど砂が遠くまで移動する様子を見ることで，理科に対する興味の土台をつくることもできます

実践25

アリの観察

注意深く観察する力を育てる

生きて動いている虫は、子どもの知的好奇心をかきたてます。園庭や公園などでアリを見つけたら、じっくりと観察させてみましょう。アリの行列の先に何があるのか、食べものをどこに運んでいくのか、アリの行列の途中に石などの障害物を置いたらどうなるのか。注意深く観察することで、自然科学への興味の芽が育ちます。

より深く知りたい子には、アリを飼ってみようか、ともちかけ、そのためにはどうしたらよいのかを図鑑などで調べさせてもよいでしょう。

10の姿とのつながり

・身近な生き物に目を向けることで、**自然との関わり・生命尊重**の気持ちが育つ
・生き物を通して気づいたり考えたりする機会をもつことで、**思考力の芽生え**につながる

保育者は自然科学の基本的な知識を心得る

子どもにいろいろなことを教える機会の多い保育者。だからこそ，自然科学の基本的な知識を知っておくことが大切です。例えば，昆虫には足が６本あり，それは頭，胸，腹のうち胸から生えている，などです。

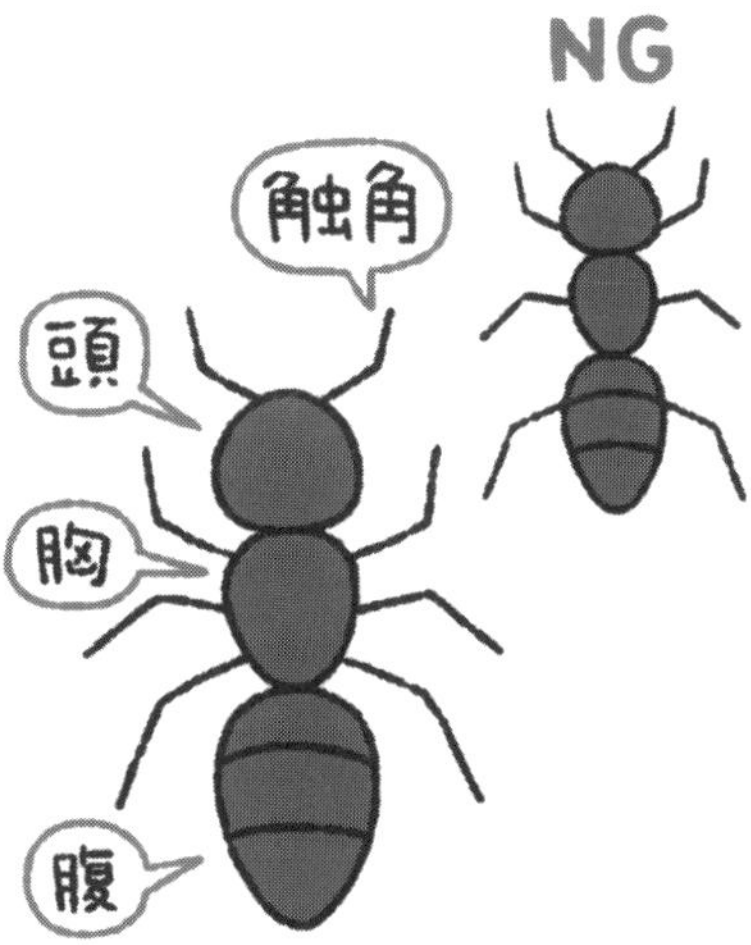

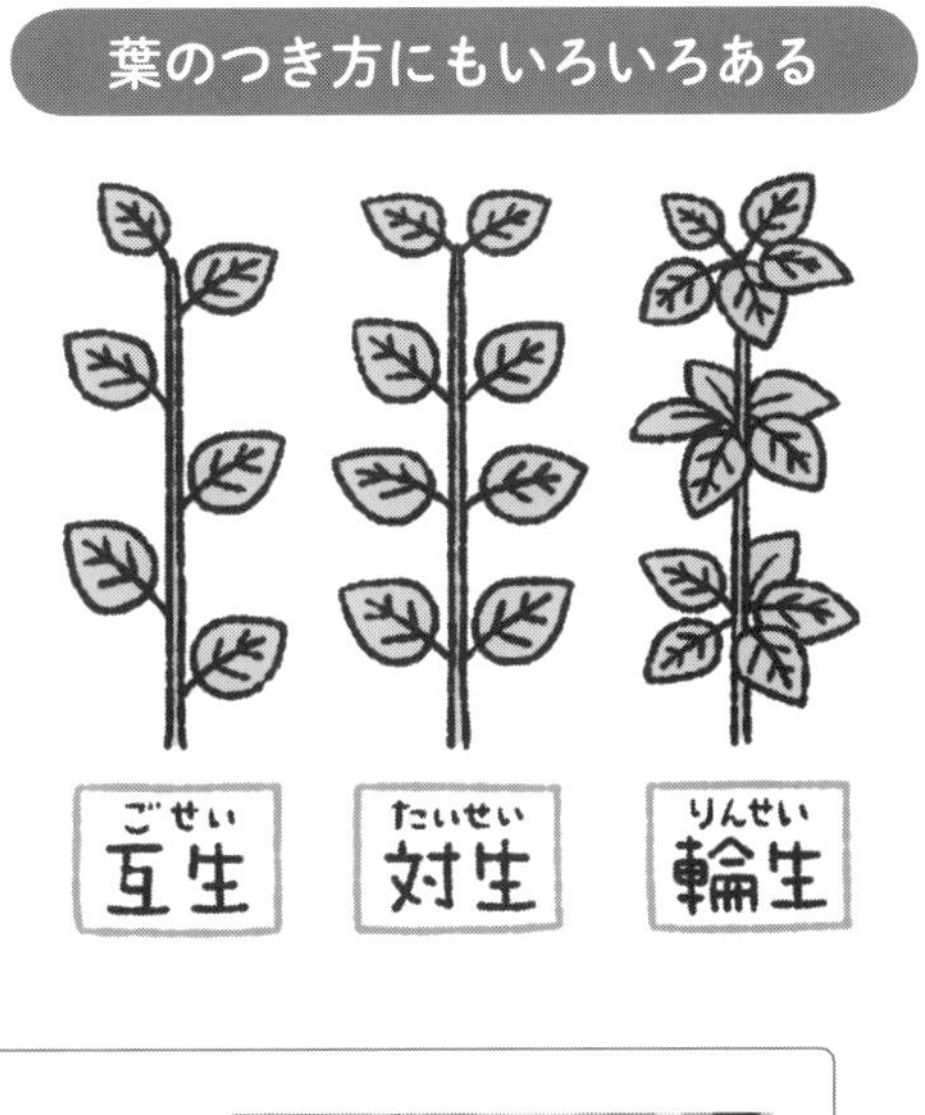
葉のつき方にもいろいろある
互生《ごせい》
対生《たいせい》
輪生《りんせい》

実践のポイント

アリの観察セットなどを使い，アリの巣の観察をしたら，それを模造紙に拡大して描いてみてもよいでしょう。

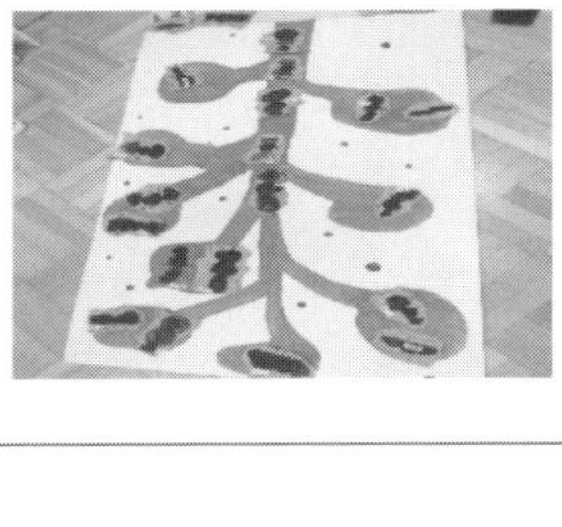

実践26

水の性質を考える
野菜の浮き沈みの実験

水は、子どもにとって身近であり、魅力的な素材です。お風呂やプール、砂遊びなどでの水遊びを通して、体感として知っている水の性質や水の力について、あらためて考察する機会をつくることは、自然界の事象についての子どもの興味・関心を高めていきます。

ふだんの生活のなかで、お風呂におもちゃを入れたらプカリと浮いた、プールで体が軽くなった、などの体験がある子どもは多いでしょう。その体験をみんなで共有し、より掘り下げるために、野菜の浮き沈みの実験をしてみましょう。クイズ形式で楽しみながらおこないます。

10の姿とのつながり

- 身のまわりの事象に興味を向けることで、**自然との関わり・生命尊重**につながる
- どうなるか予想したり、友だちと考えたりする過程で**協同性**が育つ
- ものの性質について考えるなかで**思考力の芽生え**が育つ

どの野菜が浮くかな

いろいろな野菜を用意し，浮く野菜，沈む野菜を考えます。

結果を見て，どうしてなのか考えさせます。正解を教える必要はありません。楽しみながら考え，意見を出し合うこと自体が学びとなります。

COLUMN

就学前に必要なこと❸
文字への興味・関心を育てる

「幼児期の終わりまでに育ってほしい姿」のなかに「数量や図形，標識や文字などへの関心・感覚」という項目が盛り込まれました。

これは，就学前の幼児に文字指導をせよ，ということではありません。子どもが自らの必要感に基づいて，文字への興味・関心をもつ姿をイメージしています。子どもが主体的に学習に取り組めない場合，子どもの意欲はそがれ，勉強嫌いになってしまう可能性もあるので，就学前に興味・関心を育むための働きかけが必要なのです。

一方で，ひらがなの読み書きがまったくできない状態で小学校に入学しても大丈夫かというと，それも違います。小学校では１文字ずつ指導していきますが，その進み方は早く，５月の終わりごろまでには50音を終わらせます。また，入学当初はひらがなの読み書きができないことが前提であるにもかかわらず，黒板に明日のもちものを書いて知らせたり，壁に当番表を貼っていることがあります。

つまり，就学前にある程度ひらがなに親しんでおくことは，小学校生活にスムーズになじむために必要なことなのです。

3 章

5歳児で育む「10の姿」

小学校入学に向けて とくに大切にしたいこと

5歳児の発達の様子

・基本的な生活習慣や運動能力が身につき，生活や遊びを仲間と協調的に進めていくことができます。

・自分の思いを言葉で表現し，友だちと協同的な集団活動を展開します。

5歳児
とくに育みたいポイント

・遊びや様々な取り組みのなかで，基礎的な概念を身につけ，言語や数を生活のなかの必要性と結びつけていくことが大切です。

・体幹を鍛え，しっかり座ったり，運動をしたりするための体づくりをしていきます。

実践27

上下左右の理解を進める マス目遊び

小学校に入学すると、ひらがなを覚えるときに十字の線が入っているノートを使用します。そのとき、右上、右下、左上、左下の位置関係がわかっていると、先生の説明がスムーズに入ってきます。その後、高学年になってからの算数における図形の学習にも役立ちます。

また、位置関係の理解は、地図を読むときや道順を説明するときなど、日常生活にもおおいに役立ちます。マス目遊びを通してゲーム感覚で位置関係を身につけておきましょう。

10の姿とのつながり

・位置関係を身につけることで、**数量や図形、標識や文字などへの関心・感覚**が育つ

※太文字が「10の姿」です

位置関係を覚えるマス目遊び

生活や遊びのなかで，上下，左右，斜め右上・右下，斜め左上・左下の8方向を意識する機会をつくります。

実践のポイント

位置関係の理解を進めるには，生活においても，「右から2番目の箱にしまってね」などと位置関係を意識させる言葉をかけましょう。

実践28

先を見通して行動する力を育てる
カレンダーでスケジュール管理

小学校では時間割に沿って1日の活動が進みます。そこで5歳児の後半になったら、入学を見据えて、1日の生活の流れがわかって行動できるようにしていきます。時計を図示して、「かたづけ」や「きゅうしょく」など、子どもがすることをわかりやすく書き、子どもが自分で気づいたり友だちと知らせ合って行動できるようにします。

それとともに1週間や1か月ごとのカレンダーを作成し、子どもが楽しみにしている行事などを書き込んで、「あと○日だね」などと見通しをもたせます。

10の姿とのつながり

・自ら気づいて主体的に行動することで**自立心**が育まれる
・時計の数字やカレンダーの文字に興味をもつことで**数量や図形、標識や文字などへの関心・感覚**が育まれる

保育室の工夫

子どもが日にちや時間などを意識しやすいように，保育室の環境を整えます。

実践29

時間の感覚を身につける 1分間クイズ

小学校では、時間に正確に行動することが求められます。例えば、始業のベルがなるまでに席についていなければならないし、時間内に給食を食べ終わらなければなりません。そのためには、入学までにある程度、時間の感覚を身につけておく必要があります。まずは、1分間という時間がどのくらいなのか、体で理解することから始めましょう。はじめは10秒など短い時間からスタート。ゲーム感覚で楽しみながら進めます。

10の姿とのつながり

・時間を意識し、見通しをもって行動することができるようになることで**健康な心と体**が育つ
・時間どおりに行動することができるようになることで**道徳性・規範意識の芽生え**につながる

時間の感覚を身につける遊び

遊び方

目を閉じて立ち，指示された時間が経ったと思ったら，手を挙げて目を開ける。
はじめは10秒から始める。

実践のポイント

保育室に秒針が見えるアナログ時計を置き，秒針を見せながら，「秒針が12から2に進むあいだはお話はしないよ」などと伝えます。時間の感覚を目で見ながら身につけることもできます。

実践30

総合的な能力を高める 缶けり

缶けりは、鬼につかまらないように体をかわしながら走る、走りながら静止物（缶）を目視し手前でスピードを調整してけるなど、様々な体の動きが求められる遊びです。また、複雑なルールを理解し、そのうえで仲間と協力しながら進めるなどの力も必要です。

この遊びを経験することで、子ども同士がクラスとしてまとまり、落ち着いていく効果もあります。

10の姿とのつながり

・外で思い切り体を動かすことで、**健康な心と体**が育つ
・友だちと協力しながら遊ぶことで、**協同性**が育つ
・ルールを守って遊ぶことで、**道徳性・規範意識の芽生え**につながる

缶けり遊びの効用

缶を目視し，
走りながら缶と自分
との距離を
調整してけるので，
平衡感覚や
固有受容覚※が
育ちます

※ p.14 参照

すばやく移動する
動きをくり返し，
体幹と体力を
育みます

実践31

人に伝える力を育てる たからもの紹介

小学校では、授業や発表の場で発言を求められることが多くあります。また、グループ活動などで、自分の意見を友だちに伝えなければならない場面も出てきます。

人前で自分の気持ちや考えを伝えることに慣れていくため、まずは気持ちを伝えやすい「たからもの」をテーマに思考を言語化していく経験をさせてみましょう。実際に「たからもの」を持ってきてもらい、ものを媒介にして話すことで話しやすくなります。話す立場、聞く立場の両方を経験することにも意味があります。

10の姿とのつながり

・自分の言葉で気持ちを表現することで、**言葉による伝え合い**につながる
・友だちの話を聞いて心を動かされることで、**豊かな感性と表現**につながる

たからものをみんなに伝える

準備

・自分の家から「たからもの」を持ってくる
・何を話すか考えておく

遊び方

① 1人ずつ前に出て，家から持ってきた「たからもの」を見せ，それについて話す。

②ほかの子どもには，座って静かに聞くように，また話が終わったら拍手をするように伝える。

人に
自分の気持ちや
考えを伝える経験を
重ねることで，
発言力を高めます

人前に立って
話すことに
慣れるように
します

聞く姿勢も
育てます

実践32

友だちと協力しながら論理的な思考力を身につける
お話づくり

自分の考えを人に伝えたり、人の意見を聞いて妥協点を見つけていくなど、小学校生活においてはもちろん、社会に出てから非常に必要とされる力です。1人ひとりが思い思いに描いた絵をつなぎ合わせながらおこなう「お話づくり」は、友だちと話し合いをしながら進めることに大きな意義があります。

友だちとの話し合いの過程で、自分の思うようにいかないことがあることを知るのも大切な経験です。また、人前で発表することに慣れていくためのよいトレーニングにもなります。

10の姿とのつながり

・起承転結のある物語を考える活動が、**思考力の芽生え**につながる
・友だちとの話し合いが、**言葉による伝え合い**につながる
・想像力を膨らませて物語を考えることで、**豊かな感性と表現**につながる

4枚の絵をつなぎお話をつくる

準備

・折り紙で折った動物，虫，乗り物など

・画用紙，クレヨンや色鉛筆，のり

遊び方

①４人グループをつくり，保育者があらかじめ折り紙で折った同じ動物や虫などを，グループごとに配る。

②折り紙の動物などを画用紙に貼り，グループごとに１人ひとりが好きな絵を描いて一場面を仕上げる。

③それぞれが描いた絵を見せて，一つながりの話になるように話し合う。

④グループごとに全員の前で順に発表する。

著　者　増田修治
白梅学園大学 子ども学部子ども学科教授
大阪教育大学メンタルヘルスサポートセンター研究員
埼玉大学教育学部卒業。28 年間小学校教諭として勤務。「ユーモア詩」を用いた教育を実践。
2008 年より現職。小学校教諭を目指す学生の指導と並行して，東京都板橋区の保育園と 13 年間共同で感覚統合・体幹・非認知能力と子どもの発達の関係性について研究。また，私立保育園とも 6 年間共同研究をおこなう。
専門は「臨床教育学，教師教育論，教育実践論，学級経営論」。
書著は『小 1 プロブレム対策のための活動ハンドブック 増田メソッド』(日本標準)『遊びにつなぐ！　場面から読み取る子どもの発達』(中央法規出版)『子どものホントがわかるユーモア詩の世界』(ぎょうせい) ほか多数。

協力
●板橋区子ども家庭部 保育サービス課
●板橋区公立保育園
（大谷口保育園・小桜保育園・赤塚保育園・高島平けやき保育園・みなみ保育園
紅梅保育園・さかうえ保育園・緑が丘保育園・上板橋保育園・相生保育園）
●社会福祉法人たけの子福祉会 第２府中保育園

イ　ラ　ス　ト　たかしまよーこ
装丁・デザイン　ベラビスタスタジオ
編　　　　集　こんぺいとぷらねっと

幼児期《ようじき》の終《お》わりまでに育《そだ》ってほしい 10 の姿《すがた》を育《はぐく》む保育実践《ほいくじっせん》 32

2019 年 4 月 10 日　初版発行
2022 年 8 月 15 日　4 刷発行

著　者　増《ます》田《だ》修《しゅう》治《じ》
発行者　武馬久仁裕
印　刷　株式会社 太洋社
製　本　株式会社 太洋社

発行所　株式会社 黎《れい》明《めい》書《しょ》房《ぼう》
〒460-0002　名古屋市中区丸の内 3-6-27　EBS ビル　☎ 052-962-3045
FAX 052-951-9065　振替・00880-1-59001
〒101-0047　東京連絡所・千代田区内神田 1-4-9　松苗ビル 4 階
☎ 03-3268-3470

落丁本・乱丁本はお取替します。
ISBN978-4-654-06102-0